Introduction

C'est en 1982 que j'écris le recueil
"1982". A l'époque sans dessins.
Je suis un jeune poète passionné et
en psychanalyse.
J'aime Lautréamont et Rimbaud.
Ce début des années 80 est
onirique et Paris encore pittoresque.
Je suis initié à la métaphore
complexe.

Raoul TEVES -

Préface
(Didier Davoust - 14 Mai 2013)

Après avoir publié "Au syndicat des anges , le cheval ardent au pré d'or", Raoul publie un nouveau recueil de poésie et de dessins divers "1982" pour nous faire partager son imaginaire. Ce recueil fut élaboré il y a une trentaine d'années.

Raoul maîtrise les trois arts que sont l'écriture, la peinture et la musique. Sa poésie est musicale et ses maîtres en la matière sont entre autres Mallarmé, Pélieu, ... Raoul est né le 14 septembre 1961 à Cologne en Allemagne. Son père - Dieter Tévès - fut un peintre. Raoul sort de sa malédiction familiale pour maintenant aborder la réussite.

Avec Raoul reconstituez votre imaginaire, ouvrez vous à la dimension de l'art.
Raoul est l'un des chefs de file du renouveau culturel actuel. Bien au delà du surréalisme Raoul vous fait découvrir l'invisible....

Vous pouvez également retrouver Raoul sur www.fragweb.org

LE CIEL ROUGE

Le soeau morfondu
Dans les viandes
Laissant les moloces
Du moyen – age
Courir s'oublit,
Dans le silence,
Laissant en place
Une cour vide
Déblanchie, dans le
Temps métrique,
De l'espace bleu,
-LE CIEL ROUGE-

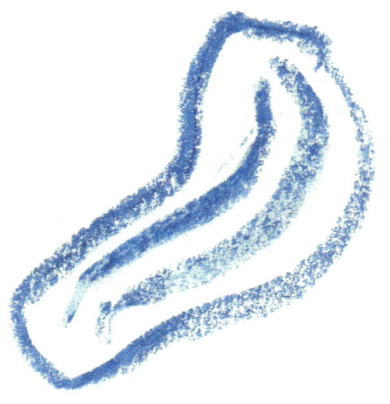

On n'attend Rien
De Rien.

Avant tout
Il faut fuir
Le commencement
D'un passage
De rue pour
Un angle
Singlant
Il faut
Falloir
L'un falloir
Attendre et
Se dénuder
Comme un
Paysage
Photographique ;

Là se lève
Un enfant songeur
Au cœur de pierre

Ne souffrant plus,
Laissant l'accélération
Des mouvements
Du ciel,

Paralyser un poète.

Et enfin
Comme en pleine
Attention squizoide,
Le Jour se couche
Faisant oublier
Les petits enfants
Du Portugal,
Signalant, que
La poésie est :
Liberté !

Écoute .

C'est la signification
De la symphonie
Arbreuse qui s'intitule
J'écoute dans
Les étangs d'Aurore
Oubliant les étouffements,
Orthographiques de
L'autre obscéssionnel,
C'est à dire
Sortez !
Et après
Quant vous
Remettrez le disque,
Attendez l'énoncé
Qui se forme,

Doucement
Sur vos lèvres ?

Il ne faut rien
N'attendre de Dieu –
Il est parti ! –

En ces Ruines
Sauvages et intérieures
Que des restes
D'un repas frugal
Et immoral
Des chandelles
Au fond de
Quelques pellicules
De Renoir comme
Un Rivage d'Automne ;
En quelques minutes
Ou quelques instants

Vous allez vous
Dire que vous êtes
Irrationel mais vous
Ne serez plus
Car la Techné
Accelère le
Clic de l'œil,
Il faut s'identifier
A la contemplation
Immédiate
Comme un
Chasse neige
Le monde
Se vide donc d'une
substance
Que l'on n' a jamais
Connue.

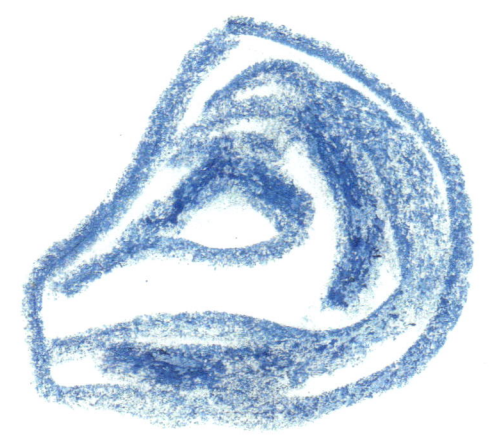

Un huissier.

Le craquelement
Lustré de l'os
Ne se fait plus
Sentir en haut
Des ossatures
Ils existent
Donc des
Hommes forts
Des ribambelles
De faucons
Au cœur
Espagnol
Qui déchirent
Leurs contrats
-Solitaires-

La peur des yeux.

Cela signifie
Le manque en
Vous même
Qui parle
Et trituration
De l'inconscient
Qui attend
Peut – être
Cela persone
Ne le sait
Qu'une auto
Sur une rue
Ne grince

Pas des freinages
Et qu'une
Femme ne fasse
De ne baisser,
Rien que les yeux.

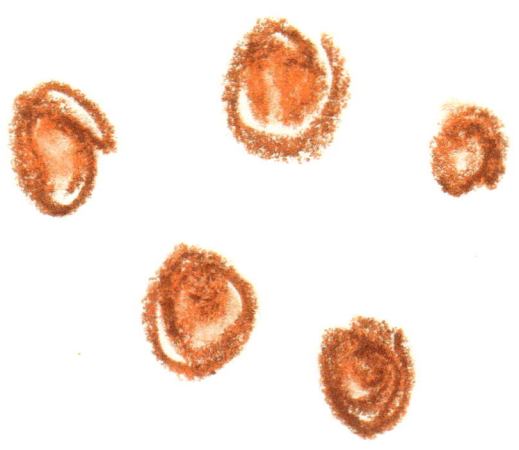

Le Journal.

Des fois il y a
 Au fond de la
Liberté un Journal
Et une bande
Qui figure
Là –lignasse-
Cela ne
Signifie donc
Rien car
Je ne parle
Pas de chaine
Avec obligation
De s'accrocher.

Le symptôme.

Je suis nevrosé
Tu es nevrosé
Il est nevrosé
Nous sommes nevrosés
Ils sont nevrosés…

Où est le vous ?
Sur le divan.

La mémére,
Ou les craquèlements
De la nature.

Le bloccage
Au signe de noix est là –
l'attend-
Cela est.

Comme une
Virvollade printanière
Une chutte profonde
Dans des cieux d'acier
Alors que l'unité
Supérieure se dissout

Se dissout dans
Le Regard plastiqué
De la femme de
Ménage !

Intuition
(dedié à Carole Legros)

Je suis celui
Qui intuitionne
La nature solitaire
Du vent chaud
D'Afrique et d'orient
Les montagnes
Saisonales
M'éclatant le bout
Du ventre alors que,
Mes mains explosent
Et se déstructurent,

Je suis là donc
Seul et en outrance
D'angoisse le nez
Dans les divagations,
D'une prière inconnue
Un besoin de parole
Intérieure,
N'en finissant plus
Lorsque la paix
En bâillement de chat,
Ne Repond plus
Au bâillement de
La porte sombre ;
Et la main

Dans ma trompette
Italienne imaginant
La Corée en guerre,
Je joue la solitude.

Le branchement.

Je suis là
Dans une courre
Claire le Regard
Dans la pierre
Ecoutant un son
De Chopin inaccessible
En haut près
De la cheminée
D'une courre
La poésie meure
Pour ne faire
Que chanter

Presqu'oubliée
Du mystère de
La parole.

Mille neuf cent
quatre vingt deux

Poèmes et dessins
de Raoul TELES Zimmer

Collection FRAGMENTATION

Retrouvez la poésie de Raoul Tévès, avec « Au syndicat des anges, le cheval ardent au pré d'or »

… Mais aussi de Didier Davoust !

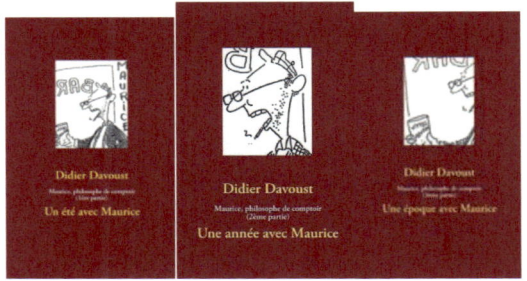

Tome 1 : Un été avec Maurice !
Tome 2 : Une année avec Maurice !
Tome 3 : Une époque avec Maurice !

Collection FRAGMENTATION
© 2013, Raoul Tévès
Edition : BoD - Books on Demand, 12/14 rond-point des Champs Elysées, 75008 Paris
Imprimé par BoD - Books on Demand GmbH, Norderstedt, Allemagne
ISBN : 9782322032464
Dépôt légal : Juin 2013